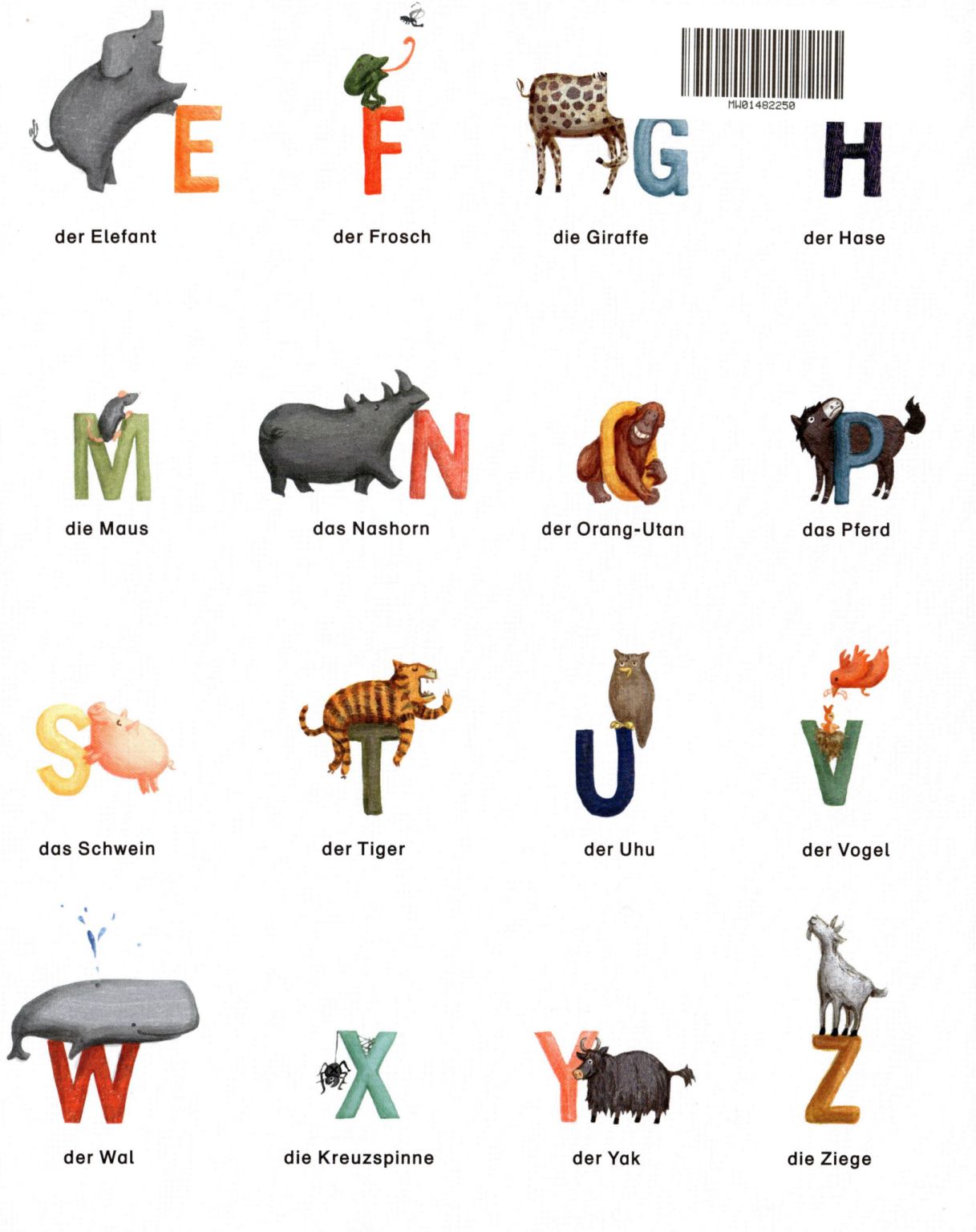

Liebe Eltern,

Kinder sollen die ersten Begegnungen mit der geschriebenen Sprache mit Vergnügen erleben. Das ist unser Anliegen mit diesem neuartigen Wörterbuch. Das Konzept orientiert sich an den Erkenntnissen, die wir heute über das frühe Sprachenlernen haben: Kinder lernen am besten, wenn das sprachfördernde Material eine unterhaltsame Umgebung ist, die positive Gefühle auslöst, Impulse für Gespräche bietet und Lust auf mehr macht.

Schräge Typen und vielschichtige Szenen laden Kinder und Erwachsene zum Entdecken ein. Die Objekte und Begriffe, mit denen die Kinder an die ersten geschriebenen Wörter herangeführt werden, stecken in Erzählkontexten, die auf vielfältige Weise anregend sind. Bilder und Wörter werden durch inhaltliche Sinnzusammenhänge in Beziehung gesetzt. Jede Szene bietet neue Überraschungen und öffnet neue Themenwelten. Manche Wörter tauchen bewusst mehrfach auf. Die Kinder werden sie wieder entdecken. Der Ting-Stift unterstützt die vergnügliche Entdeckungsreise und macht die Wörter hörbar. Auf diese Weise können die Kinder immer wieder Laute, Bilder und geschriebene Wörter zusammenbringen und sich ganz nebenbei erste Prinzipien der Wortbildung in der deutschen Sprache erschließen. An diesem Wörterbuch werden auch Kinder Freude haben, die eine andere Muttersprache als Deutsch haben.

Kinder, die sich im Gespräch mit anderen und auch selbstständig im Umgang mit Sprache ausprobieren können, erfahren sich als kompetent. Zur Unterstützung gibt es auf fast jeder illustrierten Doppelseite ein interaktives Spiel für den Ting-Stift. Auch das macht Lust auf mehr. Ihr Kind tippt einfach auf die Symbole am unteren Bildrand und schon geht's los:

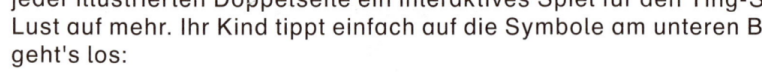

Spielstart · Spielanleitung · Spielende

Mit Spaß fällt Lernen leicht. In diesem Sinne wünschen wir viel Spaß mit dem ersten tierisch tollen Bildwörterbuch Deutsch.

Gila Hoppenstedt und das Kids-Team des Langenscheidt Verlags

Unser Service für Sie: Nutzen Sie kostenlos das Langenscheidt Online-Wörterbuch. Dort finden Sie alle Begriffe aus diesem Buch zum Anhören. Registrieren Sie sich bitte einfach unter http://woerterbuch.langenscheidt.de mit dem Code: mttbwbde

Die Registrierung ist möglich bis einschließlich 31.08.2016. Ab Registrierung erhalten Sie drei Jahre kostenlos Zugriff auf die Online-Version.

go to this website, register (free) and listen to the words from the book !

Inhalt

Konzert im Zoo	4
Wo tut es weh?	6
Wer gehört zu wem?	8
Mäusesport	10
Was schwimmt denn da?	12
Versteckspiel	14
Bärenreisen	16
Lecker!	18
Angelspiel	20
Was fliegt denn da?	22
Achtung, Schilder!	24
Wer war das?	26
Wer spielt am Nil?	28
Verkleiden	30
Was wächst denn da?	32
Tierischer Durst	34
Quatsch in der Badewanne	36
Nachts am Waldrand	38
Drachensteigen	40
Spuren im Schnee	42
Mäusejagd	44
Wolkenbilder	46
Hier stimmt was nicht!	48
Zahlenpyramide	50
Das Platsch	52
Die Maus und der Löwe	54
Die gelbe Rübe	56
Register	58
Impressum	64

Wo tut es weh?

der Hals	der Husten	die Kopfschmerzen
der Verband	die Beule	der Zahn
das Pflaster	die Medizin	das Thermometer
der Schal	der Doktor	der Hund
der Papagei	die Katze	der Hase
die Gans	die Schildkröte	der Hamster

Wer gehört zu wem?

die Mama	der Papa	das Kind
die Oma	der Opa	der Enkel
der Bruder	die Schwester	das Baby
die Mama	der Sohn	die Tochter
der Junge	das Mädchen	der Freund

Mäusesport

Versteckspiel

der Zaun	die Tür	der Traktor
der Eimer	die Bank	die Hundehütte
die Blume	der Baum	das Haus
das Pferd	die Kuh	das Huhn
das Schaf	die Ziege	der Hund
das Schwein	die Katze	die Ente

Bärenreisen

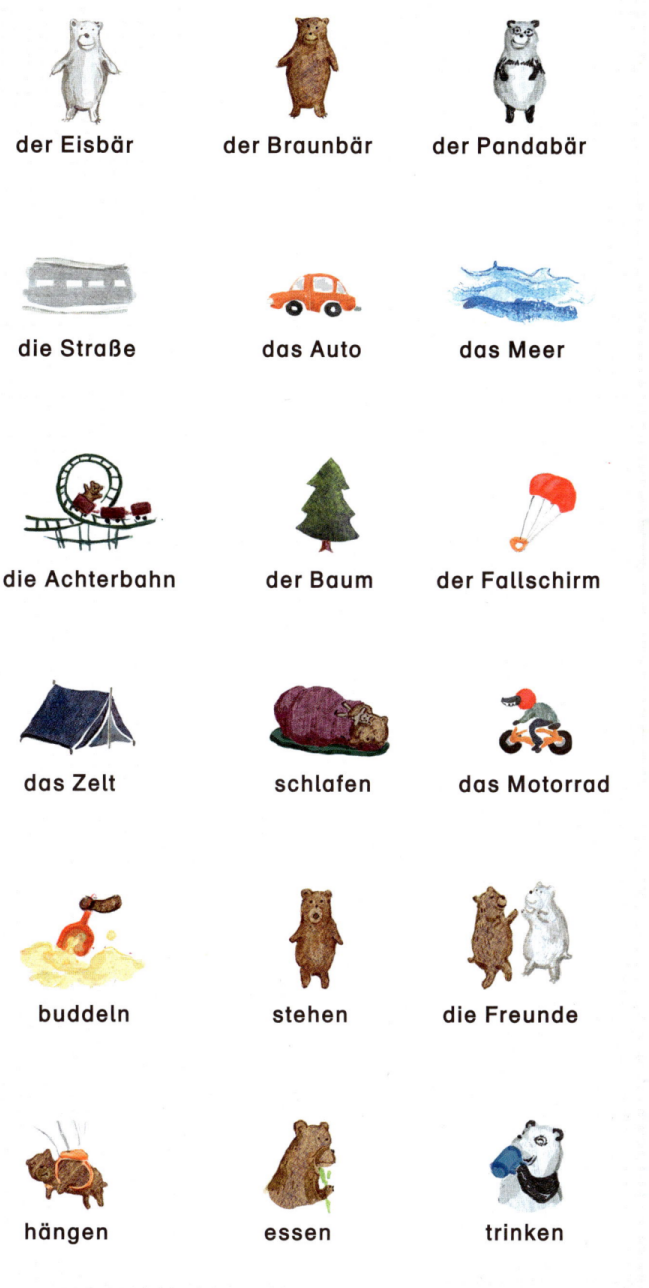

der Eisbär	der Braunbär	der Pandabär
die Straße	das Auto	das Meer
die Achterbahn	der Baum	der Fallschirm
das Zelt	schlafen	das Motorrad
buddeln	stehen	die Freunde
hängen	essen	trinken

Was fliegt denn da?

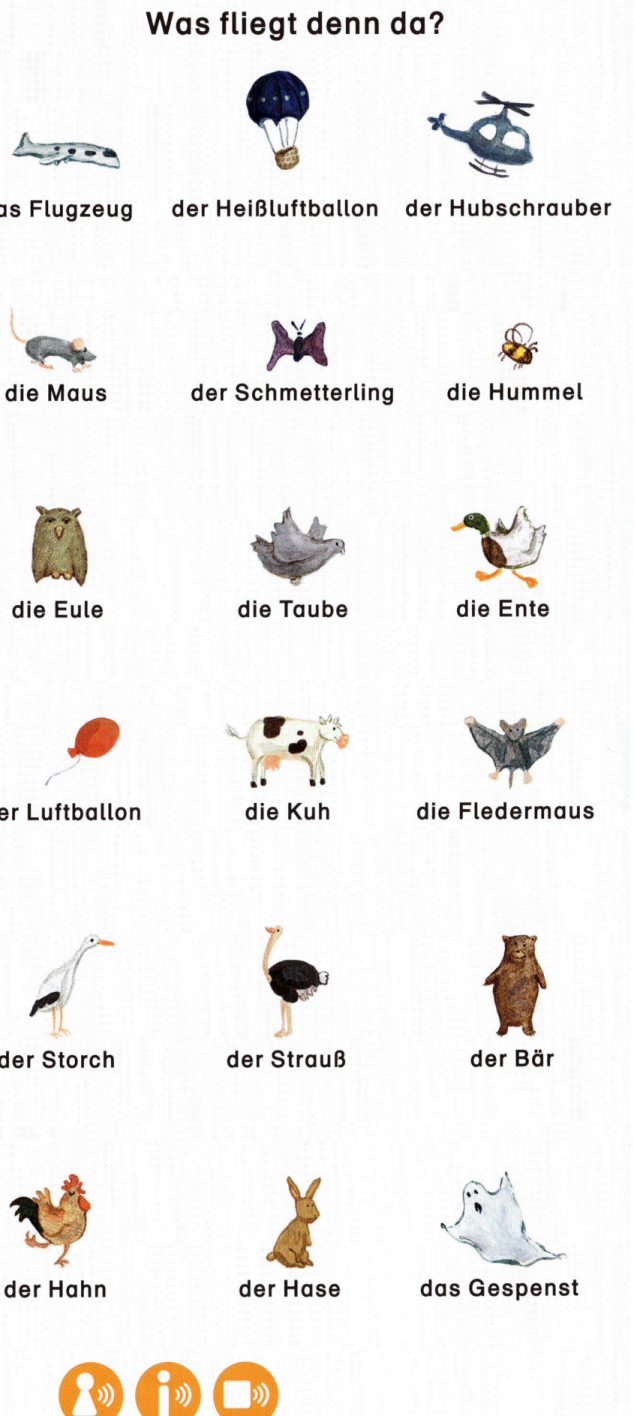

Achtung, Schilder!

Wer spielt am Nil?

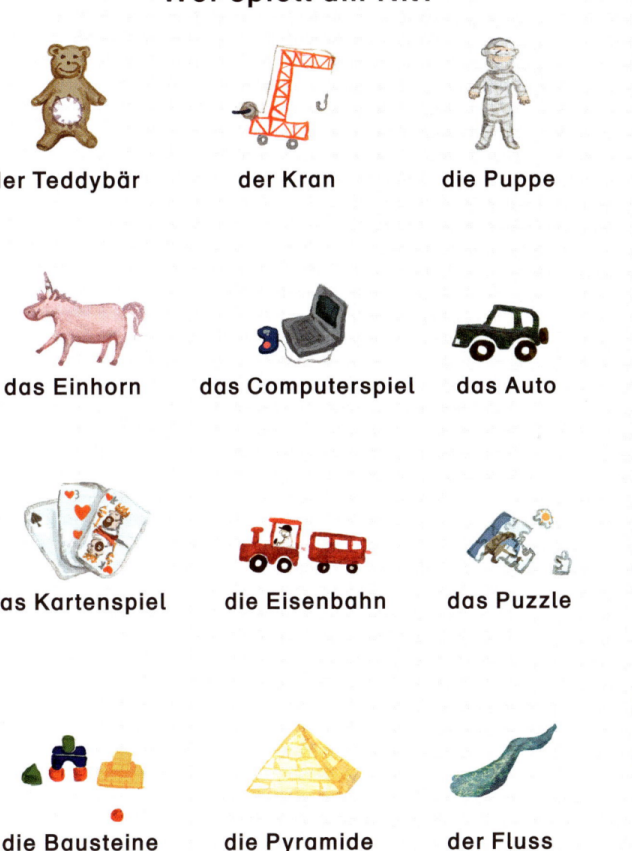

der Teddybär	der Kran	die Puppe
das Einhorn	das Computerspiel	das Auto
das Kartenspiel	die Eisenbahn	das Puzzle
die Bausteine	die Pyramide	der Fluss
das Krokodil	groß	klein

Verkleiden

Was wächst denn da?

das Ei	das Küken	der Vogel
der Laich	die Kaulquappe	der Frosch
der Schwan	die Maus	der Samen
der Löwenzahn	die Pusteblume	die Rose
die Hagebutte	die Birne	das Nest
der Kinderwagen	die Säge	das Fläschchen

Tierischer Durst

Quatsch in der Badewanne

der Arm	die Hand	der Rücken
der Po	das Bein	der Bauch
das Ohr	der Fuß	das Auge
der Mund	der Kopf	die Nase
die Zunge	das Gesicht	der Finger

Nachts am Waldrand

der Mond · die Sterne · das Glühwürmchen

das Reh · der Hirsch · der Wolf

die Lampe · die Eule · der Hase

der Frosch · die Fledermaus · das Wildschwein

der Fuchs · der Specht · das Eichhörnchen

der Maulwurf · die Maus · die Taschenlampe

Drachensteigen

Wolkenbilder

die Wolke	die Sonne	der Regen
der Käse	die Seifenblase	der Ball
der Elefant	die Maus	der Seelöwe
der Wal	der Hund	die Katze
das Schaf	der Hase	das Gespenst

Hier stimmt was nicht!

die Schaukel · die Wippe · die Rutsche

der Spielplatz · die Dusche · das Schwimmbecken

das Planschbecken · das Handtuch · der Eimer

die Bank · das Nilpferd · der Regenschirm

das Zebra · das Pferd · der Tiger

der Waschbär · das Eichhörnchen · die Katze

Die Tiere lachen. Das Platsch ist ein Apfel!

Das Platsch

Die Maus und der Löwe

Die Maus beißt das Netz kaputt.

Der große Löwe ist frei.

Er sagt: „Danke, liebe Maus!"

die Maus · der Löwe · bitte · danke · der Mond · das Netz

Plötzlich gibt es einen Ruck und die gelbe Rübe fliegt heraus! Alle Tiere fallen um. Lasst Euch die Rübe gut schmecken!

Die gelbe Rübe

die Rübe	das Schwein
die Maus	fünf Mäuse
der Waschbär	der Fuchs

rudern 11
die Rutsche 11, 49
rutschen 11

die Säge 33
der Samen 33
das Schaf 15, 25, 27, 47, 51
der Schal 7, 31
die Schale 35
die Schaukel 11, 49
schaukeln 11
der Schaukelstuhl 27
der Schaum 37
das Schiff 13, 17
die Schildkröte 7, 13
das Schilf 21
schlafen 17
das Schlafzimmer 45
das Schlagzeug 5
die Schlange 31
der Schlitten 43
die Schlittschuhe 43
der Schmetterling 23, 51
die Schnecke 13
der Schnee 43
der Schneemann 43, 49
der Schuh 31
der Schwan 33
schwarz 21
das Schwein Umschlag innen, 15, 25, 31, 51, 57
die Schwester 9
das Schwimmbecken 49
schwimmen 11
sechs 51
der See 53
der Seelöwe 47
das Seepferdchen 13
die Seerose 21
der Seestern 13
der Sehtest 7
die Seife 37
die Seifenblase 47
das Shampoo 37

sieben 51
die Skier 43
der Sohn 9
die Sonne 17, 29, 31, 35, 47
der Specht 23, 27, 39
das Spechtloch 27
der Spiegel 31, 45
der Spielplatz 25, 49
die Spinne 27
das Spinnennetz 27
springen 11
die Spur 43
der Stein 21, 33
die Sterne 39
die Stiefel 15, 31
der Storch 19, 23, 25, 27, 35
das Storchennest 27
die Straße 17
der Strauß 23
der Strumpf 31
die Strumpfhose 31
der Stuhl 45
die Süßigkeiten 19

die Tankstelle 25
die Tanne 23, 39, 43, 47
tanzen 5
die Taschenlampe 39
die Tasse 17, 35
die Taube 23
der Taucher 13
das Taxi 25
der Teddybär 29, 31, 45
das Teelicht 17
der Teich 21, 33
das Telefon 25
der Teller 35, 45
die Terrasse 45
das Thermometer 7
der Tiger Umschlag innen, 49, 51
der Tisch 31, 45
die Tochter 9

die Toilette 25, 45
der Traktor 15
traurig 41
die Treppe 45
trinken 17, 19, 35
die Trompete 5, 21
die Truhe 31
die Tuba 5
die Tür 15, 27

das U-Boot 13
die Uhr 45, 49
der Uhu Umschlag innen

der Verband 7
verliebt 41
das Versteckspiel 15
vier 51
das Viereck 25
der Vogel Umschlag innen, 15, 17, 19, 33, 35, 41, 51

der Wal Umschlag innen, 47, 51
der Waschbär 25, 35, 49, 57
der Wasserhahn 37
der Weg 39
weiß 21
werfen 11
das Wildschwein 39, 43
der Wind 41
die Wippe 49
wippen 11
das Wohnzimmer 45
der Wolf 19, 25, 39

die Wolke 7, 9, 11, 15, 19, 21, 23, 27, 29, 35, 39, 41, 43, 47, 49, 51
die Wurst 19
die Wüste 29
wütend 41

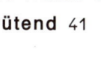

der Yak Umschlag innen

der Zahn 7
der Zaun 15, 47
das Zebra 5, 25, 31, 49
zehn 51
das Zelt 17
die Ziege Umschlag innen, 15, 19
ziehen 11
die Zugbrücke 23
die Zunge 37
zwei 51

Fragewörter

was? Was hat sich die Maus gekauft?
welcher, welche, welches?
Welcher Affe spuckt gerade Wasser aus seinem Mund?
wer? Wer war das?
wo? Wo ist das Eichhörnchen?

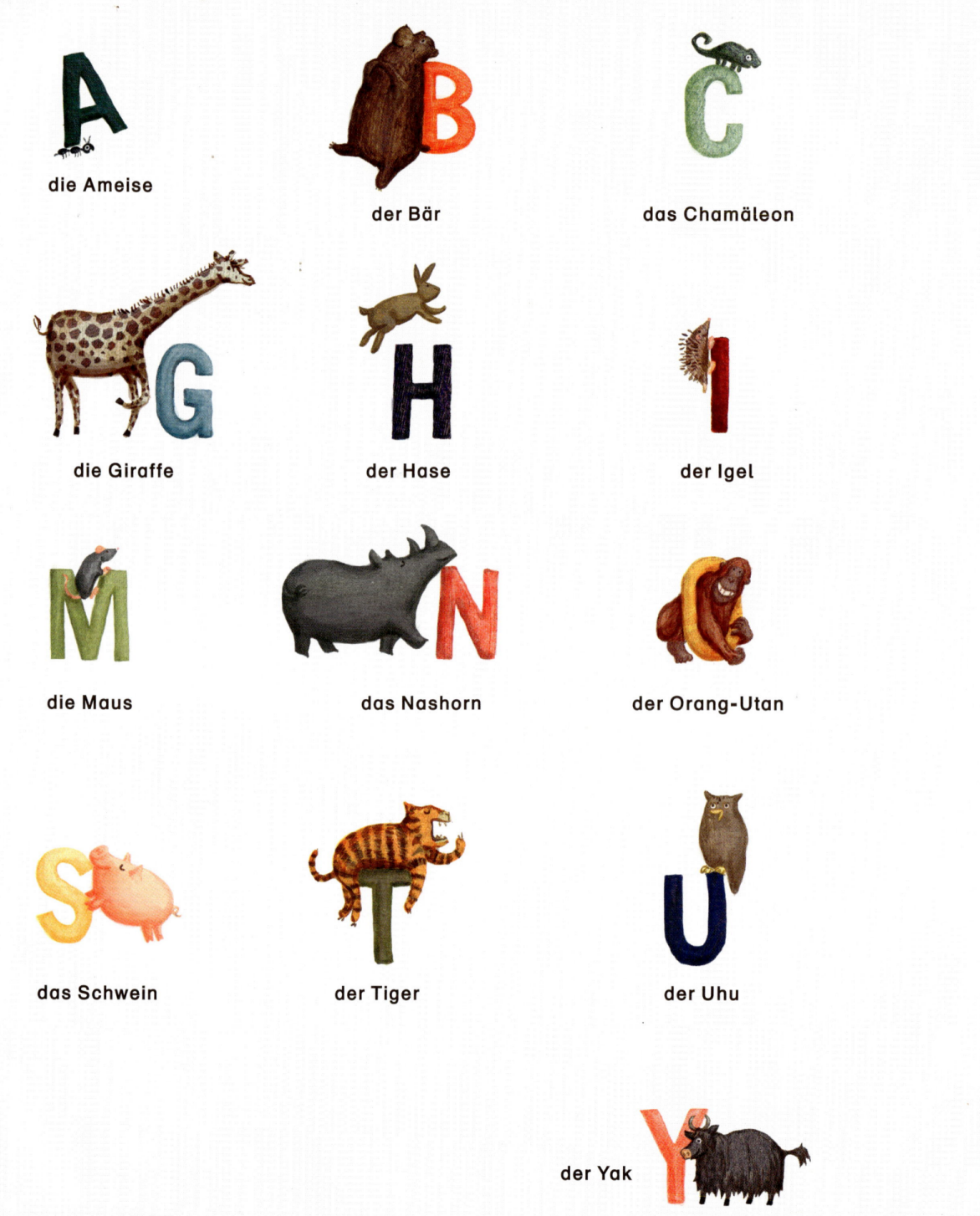